मुंशी प्रेमचंद

जंगल की कहानियाँ

the kid books

The Kid Books

अनबाउंड स्क्रिप्ट का उपक्रम

जंगल की कहानियाँ

ISBN : 978-81-19745-11-1

प्रकाशक
अनबाउंड स्क्रिप्ट
2/41, अंसारी रोड, दरियागंज,
नई दिल्ली–110002
वेबसाइट : **www.unboundscript.com**
ई–मेल : **books@unboundscript.com**
फोन नं. : **011-35807601**

Jungle Ki Kahaniyan
By Munshi Premchand

मुद्रक
विकास कम्प्यूटर एंड प्रिंटर्स
गाजियाबाद, उ. प्र.

मूल्य : ₹ 495/-

अनुक्रम

शेर और लड़का

बच्चो, शेर तो शायद तुमने न देखा हो, लेकिन उसका नाम तो सुना ही होगा। शायद उसकी तस्वीर देखी हो और उसका हाल भी पढ़ा हो। शेर अकसर जंगलों और कछारों में रहता है। कभी-कभी वह उन जंगलों के आस-पास के गाँवों में आ जाता है और आदमी और जानवरों को उठा ले जाता है। कभी-कभी उन जानवरों को मारकर खा जाता है जो जंगलों में चरने जाया करते हैं। थोड़े दिनों की बात है कि एक गड़रिये का लड़का गाय-बैलों को लेकर जंगल में गया और उन्हें जंगल में छोड़कर आप एक झरने के किनारे मछलियों का शिकार खेलने लगा। जब शाम होने को आई तो उसने अपने

जानवरों को इकट्ठा किया, मगर एक गाय का पता न था। उसने इधर-उधर दौड़-धूप की, मगर गाय का पता न चला। बेचारा बहुत घबराया। मालिक अब मुझे जीता न छोड़ेंगे। उस वक्त ढूँढने का मौका न था, क्योंकि जानवर फिर इधर-उधर चले जाते; इसलिए वह उन्हें लेकर घर लौटा और उन्हें बाड़े में बाँधकर, बिना किसी से कुछ कहे हुए गाय की तलाश में निकल पड़ा। उस छोटे लड़के की यह हिम्मत देखो; अँधेरा हो रहा है, चारों तरफ सन्नाटा छाया हुआ है, जंगल भाँय-भाँय कर रहा है. गीदड़ों का हौवाना सुनाई दे रहा है, पर वह बेखौफ जंगल में बढ़ा चला जाता है।

कुछ देर तक तो वह गाय को ढूंढता रहा, लेकिन जब और अँधेरा हो गया तो उसे डर मालूम होने लगा। जंगल में अच्छे-अच्छे आदमी डर जाते हैं, उस छोटे-से बच्चे का कहना ही क्या। मगर जाए कहाँ? जब कुछ न सूझी तो एक ऊँचे पेड़ पर चढ़ गया और उसी पर रात काटने की ठान ली। उसने पक्का इरादा कर लिया था कि बगैर गाय को लिए घर न लौटूँगा। दिन भर का थका-माँदा तो था, उसे जल्दी नींद आ गई। नींद चारपाई और बिछावन नहीं ढूँढती।

अचानक पेड़ इतनी जोर से हिलने लगा कि उसकी नींद खुल गई। वह गिरते-गिरते बच गया। सोचने लगा, पेड़ कौन हिला रहा है? आँखें मलकर नीचे की तरफ देखा तो उसके रोएँ खड़े हो गये। एक शेर पेड़ के नीचे खड़ा उसकी तरफ ललचाई हुई आँखों से ताक रहा था। उसकी जान सूख गई। वह दोनों हाथों से डाल से चिमट गया। नींद भाग गई।

कई घण्टे गुजर गये, पर शेर वहाँ से ज़रा भी न हिला वह बार-बार गुर्राता और उछल-उछलकर लड़के को पकड़ने की कोशिश करता। कभी-कभी तो वह इतने नज़दीक आ जाता कि लड़का जोर से चिल्ला उठता।

रात ज्यों-त्यों करके कटी, सबेरा हुआ। लड़के को कुछ भरोसा हुआ कि शायद शेर उसे छोड़कर चला जाए मगर शेर ने हिलने का नाम तक न लिया। सारे दिन वह उसी पेड़ के नीचे बैठा रहा। शिकार सामने देखकर वह कहाँ जाता। पेड़ पर बैठे-बैठे लड़के की देह अकड़ गई थी, भूख के मारे बुरा हाल था, मगर शेर था कि वहाँ से जौ भर भी न हटता था। उस जगह से थोड़ी दूर पर एक छोटा-सा झरना था। शेर कभी-कभी उस तरफ ताकने लगता था। लड़के ने सोचा कि शेर प्यासा है। उसे कुछ

आस बँधी कि ज्यों ही वह पानी पीने जाएगा, मैं भी यहाँ से खिसक चलूँगा। आखिर शेर उधर चला। लड़का पेड़ पर से उतरने की फिक्र कर ही रहा था कि शेर पानी पीकर लौट आया। शायद उसने भी लड़के का मतलब समझ लिया था। वह आते ही इतने जोर से चिल्लाया और ऐसा उछला कि लड़के के हाथ-पाँव ढीले पड़ गये, जैसे वह नीचे गिरा जा रहा हो। मालूम होता था, हाथ-पाँव पेट में घुसे जा रहे हैं। ज्यों-त्यों करके वह दिन भी बीत गया। ज्यों-ज्यों रात होती जाती थी, शेर की भूख भी तेज़ होती जाती थी। शायद उसे यह सोच-सोचकर गुस्सा आ रहा था कि खाने की चीज़ सामने रखी है और मैं दो दिन से भूखा बैठा हूँ। क्या आज भी एकादशी रहेगी? वह रात भी उसे ताकते ही बीत गई।

तीसरा दिन भी निकल आया। मारे भूख के उसकी आँखों में तितलियाँ-सी उड़ने लगीं। डाल पर बैठना भी उसे मुश्किल मालूम होता था। कभी-कभी तो उसके जी में आता कि शेर मुझे पकड़ ले और खा जाए। उसने हाथ जोड़कर ईश्वर से विनय की, भगवान, क्या तुम मुझ गरीब पर दया न करोगे?

शेर को भी थकावट मालूम हो रही थी। बैठे-बैठे उसका जी ऊब गया वह चाहता था किसी तरह जल्दी से शिकार मिल जाए। लड़के ने इधर-उधर बहुत निगाह दौड़ाई कि कोई नज़र आ जाए, मगर कोई नज़र न आया। तब वह चिल्ला-चिल्लाकर रोने लगा। मगर वहाँ उसका रोना कौन सुनता था।

आखिर उसे एक तदबीर सूझी। वह पेड़ की फुनगी पर चढ़ गया और अपनी धोती खोलकर उसे हवा में उड़ाने लगा कि शायद किसी शिकारी की नजर पड़ जाए। एकाएक वह खुशी से उछल पड़ा। उसकी सारी भूख, सारी कमजोरी गायब हो गई। कई आदमी झरने के पास खड़े उस उड़ती हुई झण्डी को देख रहे थे। शायद उन्हें अचम्भा हो रहा था कि जंगल के इस पेड़ पर झण्डी कहाँ से आई। लड़के ने उन आदमियों को गिना एक, दो, तीन, चार।

जिस पेड़ पर लड़का बैठा था, वहाँ की जमीन कुछ नीची थी। उसे ख्याल आया कि अगर वे लोग मुझे देख भी लें तो उनको यह कैसे मालूम होगा कि इसके नीचे तीन दिन का भूखा शेर बैठा हुआ है। अगर मैं उन्हें होशियार न कर दूँ तो यह दुष्ट किसी-न-किसी को जरूर चट कर

जाएगा। यह सोचकर वह पूरी ताकत से चिल्लाने लगा। उसकी आवाज सुनते ही वे लोग रुक गये और अपनी-अपनी बन्दूकें सम्हालकर उसकी तरफ ताकने लगे।

लड़के ने चिल्ला कर कहा-होशियार रहो! होशियार रहो! इस पेड़ के नीचे एक शेर बैठा हुआ है!

शेर का नाम सुनते ही वे लोग सँभल गये, चटपट बन्दूकों में गोलियाँ भरी और चौकन्ने होकर आगे बढ़ने लगे।

शेर को क्या ख़बर कि नीचे क्या हो रहा है। वह तो अपने शिकार की ताक में घात लगाये बैठा था। यकायक पैरों की आहट पाते ही वह चौंक उठा और उन चारों आदमियों को एक टोले की आड़ में देखा। फिर क्या कहना था। उसे मुँह माँगी मुराद मिली। भूख में सब्र कहाँ। वह इतने ज़ोर से गरजा कि सारा जंगल हिल गया और उन आदमियों की तरफ़ ज़ोर से जस्त मारी। मगर वे लोग पहिले ही से तैयार थे। चारों ने एक साथ गोली चलाई। दन! दन! इन! दन! आवाज़ हुई। चिड़ियाँ पेड़ों से उड़-उड़कर भागने लगीं लड़के ने नीचे देखा, शेर ज़मीन पर गिर पड़ा था। वह एक बार फिर उछला और फिर गिर पड़ा। फिर वह हिला तक नहीं।

लड़के की खुशी का क्या पूछना। भूख-प्यास का नाम तक न था। चटपट पेड़ से उतरा तो देखा सामने उसका मालिक खड़ा है। वह रोता हुआ उसके पैरों पर गिर पड़ा। मालिक ने उसे उठाकर छाती से लगा लिया। और बोला- क्या तू तीन दिन से इसी पेड़ पर था?

लड़के ने कहा-हाँ, उतरता कैसे? शेर तो नीचे बैठा हुआ था।

मालिक-हमने तो समझा था कि किसी शेर ने तुझे मार कर खा लिया। हम चारों आदमी तीन दिन से तुझे ढूंढ रहे हैं। तूने हमसे कहा तक नहीं और निकल खड़ा हुआ।

लड़का- मैं डरता था, गाय जो खोई थी

मालिक-अरे पागल, गाय तो उसी दिन आप ही आप चली आई थी।

भूख-प्यास से शक्ति तक न रहने पर भी लड़का हँस पड़ा।

बनमानुस की दर्दनाक कहानी

आज हम तुम्हें एक बनमानुस का हाल सुनाते हैं। सामने जो तसवीर है, उससे तुम्हें मालूम होगा कि बनमानुस न तो पूरा बंदर है, न पूरा आदमी वह आदमी और बन्दर के बीच में एक जानवर है। मगर वह बड़ा बलवान होता है और आदमियों को बड़ी आसानी से मार डालता है। वह अधिकतर अफ्रीका के जंगल में पाया जाता है।

एक दिन एक शिकारी अफ्रीका के क्लब में बैठा हुआ अखबार पढ़ रहा था कि उसका एक दोस्त घबराया हुआ कमरे में आया और बोला-एक हब्शी बहुत दूर से यहाँ

आया है और कहता है कि पास के जंगल में एक नर बनमानुस निकला है, जो सिर्फ आदमियों को मार रहा है। शिकारी ने उस हब्शी को बुलाकर पूछ-ताछ की तो मालूम हुआा कि उबांशी जाति के एक आदमी ने उस बनमानुस के जोड़े को मार डाला है। शायद इसीलिए वह आदमियों को मार रहा है। हब्शी ने कहा-साहब ऐसे डीलडौल का बनमानुस कहीं देखने में नहीं आया था। बड़े बड़े जवानों को बात की बात में मार डालता है। ताज्जुब तो यह है कि वह चुन-चुनकर उसी जाति के आदमियों को मारता है। अब तक करीब दस उबांशियों को मार चुका है। शिकारी शेर का शिकार करने आया था, पर उसने दिल में सोचा-यह बनमानुस तो शेर से भी ज्यादा ख़ौफ़नाक है। पहिले इसी को क्यों न मारूँ

दूसरे दिन उसने तड़के ही शिकार का सामान ठीक-ठाक किया और उसी हब्शी को लेकर जंगल की तरफ चल खड़ा हुआ कई सिपाही भी मौजूद थे वे भी अपनी छोलदारियाँ और बन्दूकें लेकर चलने को तैयार हो गये हब्शी राह दिखाता हुआ आगे-आगे चलने लगा।

दिन भर लगातार चलने के बाद वे लोग उबांशियों के गाँव में पहुँचे रास्ते में बहुत-से जानवर मिले, पर बनमानुस का कहीं निशान तक न मिला। अफ्रीका के सब गाँव करीब-करीब एक ही तरह के होते हैं गाँव के बीच में उबांशियों के सरदार का झोपड़ा था, चारों ओर बाँसों से घिरा हुआ था। एक बड़े डील-डौल का आदमी कंधे पर बन्दूक रखे झोपड़े के सामने टहल रहा था

शिकारियों की खबर पाकर उबांशी सरदार उनसे मिलने आया और फौजी सलाम करके बोला--आप लोग खूब आये, अब मुझे उम्मीद है कि बनमानुस जरूर मारा जायेगा। हम लोगों का तो घर से निकलना मुश्किल हो गया है। शिकारी ने ग़रूर के साथ कहा- हाँ, देखो क्या होता है, आये तो इसी इरादे से हैं।

शिकारियों ने सरदार के झोपड़े के पास ही अपनी छोलदारियाँ लगा दीं और पेट देवता की पूजा करने की फ़िक्र करने लगे कि अचानक किसी के कराहने की आवज़ आई जैसे उसका कोई मर गया हो शिकारी ने पूछा-यह कौन रो रहा है ?

हब्शी ने घबढ़ायी हुई आवाज़ में कहा- हुजूर, यह वही बनमानुस है दिन भर अपने मुर्दा जोड़े के पास बैठा रोता है और रात होते ही इधर-उघर घूमने लगता है। न मालूम किस वक्त चुपके से गाँव में घुस जाता है और किसी न किसी को मार डालता है। और किसी जाति के आदमी से नहीं बोलता

लोग दिन भर के थके-माँदे, भूखे-प्यासे थे बनमानुस का शिकार करने की किसे सूझती थी। जब लोग खा-पीकर फारिग़ हुए तो सलाह होने लगी कि बनमानुस का शिकार कैसे किया जाये उबांशी सरदार ने कहा-रात को आप लोग उसे नहीं पा सकते दिन को ही उसका शिकार हो सकता है।

शिकारियों को भी उसकी सलाह पसन्द आई सब अपनी-अपनी छोलदारियों में घुस गये और बाहर पहरे का यह बन्दोबस्त कर दिया कि दो-दो घंटे के बाद पहरा बदल दिया जाय शिकारी थका था, जल्दी ही सो गया लेकिन थोड़ी ही देर सोया था कि उसकी नींद टूट गई और सामने एक परछाईं-सी खड़ी दिखायी दी उसकी आँखें आग की तरह जल रही थीं। अफ़सर मे फौरन आवाज़ दी-संतरी !

पर कोई जवाब न मिला। न मालूम यह आवाज़ संतरी के कानों तक पहुँची भी या नहीं

अफ़सर ने तुरन्त बिजली की बत्ती जलाई। उसका कलेजा सन्न हो गया। सामने छ: फीट का बनमानुस खड़ा था और उसके हाथ में संतरी की बन्दूक थी, जिसकी नली बिलकुल टेढ़ी-मेढ़ी हो गई थी वह शिकारी की ओर आँखें जमाये हुए था; जैसे सोच रहा हो कि इसे मारूँ या छोड़ दूँ उसका डरावना चेहरा देखकर शिकारी की घिग्घी बंध गई, मुँह से आवाज़ तक न निकली।

अचानक बाहर किसी चीज़ के गिरने का धमाका हुआ। शायद कोई संतरी अंधेरे में ठोकर खाकर गिर पड़ा था। बनमानुस ने झट बन्दूक फेंक दी और उछलकर छोलदारी से बाहर निकल गया। अब अफ़सर साहब के होश ठिकाने हुए। बिछावन से उठे, बन्दूक संभाली; बाहर निकले और बिजली की लालटेन लेकर बनमानुस को तलाश करने लगे। लेकिन वह वहाँ कहाँ था। मगर इससे ज्यादा ताज्जुब की बात यह थी कि उस संतरी का भी कहीं पता न था, जो पहरा दे रहा था।

शिकारी ने अबकी संतरी को ताकीद करदी कि खूब होशियार रहे, मगर सोने की हिम्मत न पड़ी बिजली की रोशनी में बैठे-बैठे गप-सप करके रात काटी। दूसरे दिन तड़के सब लोग शिकार करने चले। गाँव के आदमी उन्हें विदा करने के लिये गाँव के बाहर तक आये। अच्छी खासी भीड़ जमा हो गई। शिकारी लोग झाड़ियों की आड़ में चलने लगे, जिसमें बनमानुस उनकी आहट पाकर कहीं भाग न जाये हब्शी को वह जगह मालूम न थी, जहाँ मादा बनमानुस मरी पड़ी थी। उसी के पीछे-पीछे लोग चले जा रहे थे। जाते-जाते रास्ते में एक जगह बड़ी बदबू आने लगी। हब्शी सहम कर ठिठक गया और कान लगा कर सुनने लगा। वहीं रोने की आवाज़ सुनायी दी। शिकारी ने अपने साथियों से कहा-तुम लोग बन्दूकें तैयार रखो, मैं आगे-आगे चलता हूँ। मगर अभी दो सौ कदम भी न गया था कि उसे वह बनमानुस नज़र आया मगर वह अकेला न था। उसके जोड़े की लाश भी वहीं पड़ी हुई थी। बनमानुस उस लाश पर झुका हुआ अपने दोनों हाथों से छाती पीट-पीटकर रो रहा था। उसके चेहरे से ऐसा मालूम हो रहा था, मानो वह अपने जोड़े से कह रहा था कि एक बार फिर उठो, चलो यह देश छोड़ कर उस देश

में जाकर बसें जहाँ के आदमी इतने निर्दयी, इतने कठोर नहीं हैं। जब वह देखता था कि उसके इतना समझाने पर भी मादा न बोलती है और न हिलती है, तो वह छाती पीट कर रोने लगता था।

यह हाल देख कर शिकारी का दिल दर्द से पिघल गया। बन्दूक उसके हाथ से गिर पड़ी, शिकारी का जोश ठंढा हो गया। साथियों को लेकर वह डेरे पर लौट आया सब लोग वहाँ बैठ कर बातें करने लगे-देखो, जानवरों में भी कितनी मुहब्बत होती है, लाश सड़ गई है, मगर नर अभी तक उसे नहीं छोड़ रहा है। उबांशियों ने यह बहुत बुरा काम किया कि उसके जोड़े को मार डाला।

अभी यही बातें हो रही थीं कि देखा कई आदमी एक लाश लिये चले आ रहे हैं। शिकारी लाश को फौरन पहचान गया यह उस संतरी की लाश थी। मालूम हो गया कि उसी बनमानुस ने रात को उसे मार डाला है। शिकारी क्रोध से अन्धा हो गया, बोला-अब इस दुष्ट को किसी तरह न छोड़ूंगा। ऐसे खूनी जानवरों पर दया करना पाप है। आज उसका काम तमाम करके ही दम लूँगा।

यह कह कर वह फिर उसी जगह जा पहुँचा, जहाँ मादा मरी पड़ी थी। मगर अबकी बनमानुस वहाँ न दिखायी दिया। तब यह लोग उसके पैर का निशान देखते हुए उसकी खोज में चले। आखिर एक पहाड़ी के नीचे से, जहाँ एक पहाड़ी नदी बहती थी, बनमानुस आता हुआ दिखायी दिया। उसकी देह से बूंद-बूंद पानी टपक रहा था मालूम होता था अभी नहाकर निकला है। शिकारियों को देखते ही पहले तो वह गरज उठा, फिर किसी शोक में डूबे हुए आदमी की तरह छाती पीट-पीट कर रोने लगा। वह लोग चुपचाप खड़े रहे जब वह बिल्कुल पास आ गया तो अफ़सर ने उसके कंधे पर निशाना लगाकर गोली चलाई। वह ज़ोर से चीखा और गिर पड़ा उसका एक कन्धा जख्मी हो गया था; पर वह तुरन्त ही दूसरे हाथ के सहारे अफ़सर की तरफ़ दौड़ा अफ़सर ने अबकी उसकी छाती पर गोली चलाई। शिकारियों ने समझा, उसे मार लिया; मगर वह झट एक चट्टान फाँदकर भागा और जंगल में घुस गया।

शाम होने को थी अब उसे ढूँढना बेकार समझकर शिकारी डेरे की तरफ़ लौटे क्योंकि यह मालूम था कि वह घायल हो गया है, फिर भी लोगों ने पहरे का बन्दोबस्त किया ओर खा-पीकर सोये। रात-भर सब लोग आराम से सोते रहे अफ़सर साहब की नींद खुली ही थी कि एक हब्शी दौड़ा हुआ आया और बोला-साहब, वह तो फिर रो रहा है। अफ़सर ने ध्यान से सुना, हाँ, यह तो वही रोने को आवाज है।

लोगों ने झटपट कपड़े पहिने और बन्दूकें लेकर रवाना हो गये। उस जगह पहुँचकर ये लोग झाड़ियों की आड़ से दोनों बनमानुसों की अन्तिम प्रेम-लीला का तमाशा देखने लगे-देखा कि वह अपने जोड़े की लाश को अपने खून से रंगी हुई छाती से दबाकर रो रहा है। उसकी आँखों में नशा-सा छाया हुआ मालुम होता था, जैसे कोई शराब के नशे में चूर हो यह दर्दनाक माजरा देखकर शिकारियों की आँखें भी आँसू से तर हो गईं। यह तो मालूम ही था कि वह अब चोट नहीं कर सकता। शिकारी उसके बिल्कुल पास चला गया कि अगर हो सके तो उसे जीता पकड़कर मरहमपट्टी की जाये। उसे देखते ही बनमानुस

ने बड़ी दर्दनाक आँखों से उसकी ओर देखा, मानो कह रहा था-क्यों देरी करते हो, एक गोली और चला दो कि जल्द इस दुःख-भरे संसार से बिदा हो जाऊं ?

शिकारी ने ऐसा ही किया। एक गोली से उसका काम तमाम कर दिया। इधर बंदूक की आवाज हुई, उधर बनमानुस चित हो गया। मगर आवाज़ के साथ ही शिकारी का दिल भी काँप उठा। उसे ऐसा मालूम हुआ, मैंने खून किया है, मैं खूनी हूँ।

दक्षिणी अफ्रीका में शेर का शिकार

एक मशहूर शिकारी ने एक शेर के शिकार का हाल लिखा है। आज हम उसकी कथा उसी की ज़बान से सुनाते हैं-
कई साल हुए एक दिन मैं नौरोबी की एक चौड़ी गली से जा रहा था कि एक शेरनी पर नज़र पड़ी जो अपने दो बच्चों समेत झाड़ियों की तरफ़ चली जा रही थी। शायद शिकार की तलाश में बस्ती में घुस आई थी। उसे देखते ही मैं लपककर अपने घर आया और एक रायफल लेकर फिर उसी तरफ़ चला। संयोग से चांदनी रात थी। मैंने आसानी से शेरनी को मार डाला और उसके दोनों बच्चों को पकड़ लिया। इन बच्चों की उम्र ज्यादा न थी, सिर्फ

तीन हफ्ते के मालूम होते थे। एक नर था; दूसरा मादा। मैंने नर का नाम जैक और मादा का जल रखा। जैक तो जल्द बीमार होकर मर गया, जल बची रही। जल अपना नाम समझती और मेरी आवाज़ पहचानती थी। मैं जहाँ जाता, वहाँ कुत्ते की तरह मेरे पीछे-पीछे चलती। मेरे कमरे में फ़र्श पर ।लेटी रहती थी। अक्सर मेरे पैरों पर सो जाती और जागने के बाद अपने पंजे मेरे घुटनों पर रखकर बिल्ली की तरह मेरा सिर अपने चेहरे पर मलती।

एक दिन चाँदनी रात में जल को साथ लेकर सैर के लिए निकला। हम दोनों खुशी के साथ सड़क पर चले जा रहे थे। मैं यह बिल्कुल भूल गया था कि उस दिन होटल में नाच होने वाला है। संयोग देखिए कि मैं और जल उस वक्त होटल के पास पहुँचे जब कोइ मेहमान सवारी की तलाश में बाहर खड़ा था। उसने जब देखा, एक शेरनी सड़क के बीचों बीच उसकी तरफ़ चली आ रही है, तो वह इतना घबराया। सामने की तरफ़ बेहताशा भागा। उसे भागते देखकर और भी दो-तीन आदमी भाग चले। जल ने समझा यह भी कोई खेल है, वह भी उनके पीछे-पीछे दौड़ी। हँसते-हँसते मेरे पेट में बल पड़ गये, आखिर

मैं भी जल के पीछे दौड़ा और बड़ी मुश्किल से जल को पकड़ पाया। यद्यपि उसने किसी को घायल नहीं किया; मगर आनन्द की ज़िन्दगी बिताने वालों की बहादुरी की कलई खुल गई। फिर मैं जल को लेकर चाँदनी रात में कभी बाहर न निकला।

एक दिन मैं एक जगह दावत खाने गया। वहाँ से अपने बंगले की तरफ चला तो आधी रात हो गई थी। आधा रास्ता तयकर चुका था कि एकाएक बन्दूक चलने की आवाज़ सुनाई दी। ऐसा मालूम हुआ कि कोई आदमी घबराहट में शू-श कर रहा है। जरा और आगे बढ़ा तो देखा कि एक संतरी लालटेन के खम्भे पर चढ़ा बदहवासी की हालत में शू-शू कर रहा है। मुझे देखते ही उसने कहा- साहब, ज़रा बचे रहिएगा; एक शेर बिल्कुल पास खड़ा है और घोड़े को खा रहा है। मैंने इधर-उधर निगाह दौड़ाई तो पचास कदम के फासले पर एक शेर दिखाई दिया वह सचमुच एक घोड़े को चट कर रहा था संतरी के शोर-गुल की उसे बिल्कुल परवाह न थी।

मैंने संतरी को आवाज़ दी कि वह जहाँ है वहीं ठहरा रहे और मैं अकेले एक दोस्त के पास बन्दूक लेने गया। जब रायफल लेकर लौटा तो देखा कि शेर बैठा होठ चाट रहा है और सन्तरी ज्यों- का-त्यों खंभे से चिमटा खड़ा है। मैंने फौरन शेर पर बन्दूक चलाई। वह ज़ख़्मी तो हो गया, मगर मरा नहीं वह बड़े ज़ोर से गरजा और एक तरफ को चल दिया लेकिन मैं उसे कब छोड़ने वाला था, मैं खून का निशान देखता हुआ उसके पीछे चला। आखिर मैंने उसे खाड़ी के किनारे पर खड़े देखा। अबकी मेरी गोली काम कर गई, शेर गिर पड़ा मैं खुश-खुश शेर के पास गया और उसे देखते ही पहचान गया। वह मेरी शेरनी जल थी।

गुब्बारे पर चीता

"मैं तो ज़रूर जाऊँगा, चाहे कोई छुट्टी दे या न दे।"

बलदेव सब लड़कों को सर्कस देखने चलने की सलाह दे रहा है।

बात यह थी कि स्कूल के पास एक मैदान में सर्कस पार्टी आई हुई थी। सारे शहर की दीवारों पर उसके विज्ञापन चिपका दिए गए थे। विज्ञापन में तरह-तरह के जंगली जानवर अजीब-अजीब काम करते दिखाए गए थे। लड़के तमाशा देखने के लिए ललचा रहे थे। पहला तमाशा रात को शुरू होने वाला था मगर हेडमास्टर साहब

ने लड़कों को वहाँ जाने की मनाही कर दी थी। इश्तिहार बड़ा आकर्षक था-

'आ गया है! आ गया है!'

'जिस तमाशे की आप लोग भूख-प्यास छोड़कर इंतज़ार कर रहे थे, वही बंबई सर्कस आ गया है।'

'आइए और तमाशे का आनंद उठाइए। बड़े-बड़े खेलों के सिवा एक खेल और भी दिखाया जाएगा, जो न किसी ने देखा होगा और न सुना होगा।'

लड़कों का मन तो सर्कस में लगा हुआ था। सामने किताबें खोले जानवरों की चर्चा कर रहे थे। क्यों कर शेर और बकरी एक बर्तन में पानी पिएँगे! और इतना बड़ा हाथी पैरगाड़ी पर कैसे बैठेगा ? पैरगाड़ी के पहिए बहुत बड़े-बड़े होंगे! तोता बंदूक छोड़ेगा! और बनमानुष बाबू बनकर मेज पर बैठेगा!

बलदेव सबसे पीछे बैठा हुआ अपनी हिसाब की कॉपी पर शेर की तस्वीर खींच रहा था और सोच रहा था कि कल शनीचर नहीं, इतवार होता तो कैसा मज़ा आता।

बलदेव ने बड़ी मुश्किल से कुछ पैसे जमा किए थे। मना रहा था कि कब छूट्टी हो और कब भागूँ। हेडमास्टर साहब का हुक्म सुनकर वह जामे से बाहर हो गया। छुट्टी होते ही वह बाहर मैदान में निकल आया और लड़कों से बोला, "मैं तो जाऊँगा, ज़रूर जाऊँगा चाहे कोई छुट्टी दे या न दे।" मगर और लड़के इतने साहसी न थे। कोई उसके साथ जाने पर राज़ी न हुआ। बलदेव अब अकेला पड़ गया। मगर वह बड़ा जिद्दी था, दिल में जो बात बैठ जाती, उसे पूरा करके ही छोड़ता था। शनीचर को और लड़के तो मास्टर के साथ गेंद खेलने चले गए, बलदेव चुपके से खिसककर सर्कस की ओर चला। वहाँ पहुँचते ही उसने जानवरों को देखने के लिए एक आने का टिकट खरीदा और जानवरों को देखने लगा। इन जानवरों को देखकर बलदेव मन में बहुत झुँझलाया वह शेर है! मालूम होता है महीनों से इसे मलेरिया बुखार आ रहा हो। वह भला क्या बीस हाथ ऊँचा उछलेगा! और यह सुंदर-वन का बाघ है? जैसे किसी ने इसका खून चूस लिया हो। मुर्दे की तरह पड़ा है। वाह रे भालू! यह भालू है या सूअर, और वह भी काना, जैसे मौत के चंगुल से निकल भागा हो। अलबत्ता चीता कुछ जानदार है और एक तीन टाँग का कुत्ता भी।

यह कहकर बड़े ज़ोर से हँसा। उसकी एक टाँग किसने काट ली? दुमकटे कुत्ते तो देखे थे, पैरकटा कुत्ता आज ही देखा! और यह दौड़ेगा कैसे? उसे अफ़सोस हुआ कि गेंद छोड़कर यहाँ नाहक आया। एक आने पैसे भी गए। इतने में एक बड़ा भारी गुब्बारा दिखाई दिया। उसके पास एक आदमी खड़ा चिल्ला रहा था- "आओ, चले आओ, चार आने में आसमान की सैर करो।!

अभी वह उसी तरफ देख रहा था कि अचानक शोर सुनकर वह चौंक पड़ा। पीछे फिरकर देखा तो मारे डर के उसका दिल काँप उठा। वही चीता न जाने किस तरह पिंजरे से निकलकर उसी की तरफ दौड़ा चला आ रहा था। बलदेव जान लेकर भागा।

इतने में एक और तमाशा हुआ। इधर से चीता गुब्बारे की तरफ दौड़ा। जो आदमी गुब्बारे की रस्सी पकड़े हुए था, वह चीते को अपनी तरफ आता देखकर बेतहाशा भागा। बलदेव को और कुछ न सूझा तो वह झट से गुब्बारे पर चढ़ गया। चीता भी शायद उसे पकड़ने के लिए कूदकर गुब्बारे पर जा पहुँचा। गुब्बारे की रस्सी छोड़कर तो वह आदमी पहले ही भाग गया था। वह

गुब्बारा उड़ने के लिए बिलकुल तैयार था। रस्सी छूटते ही वह ऊपर उठा। बलदेव और चीता दोनों ऊपर उठ गए। बात की बात में गुब्बारा ताड़ के बराबर जा पहुँचा। बलदेव ने एक बार नीचे देखा तो लोग चिल्ला-चिल्लाकर उसे बचने के उपाय बतलाने लगे। मगर बलदेव के तो होश उड़े हुए थे। उसकी समझ में कोई बात न आई। ज्यों-ज्यों गुब्बारा ऊपर उठता जाता था चीते की जान निकली जाती थी। उसकी समझ में न आता था कि कौन मुझे आसमान की ओर लिए जाता है। वह चाहता तो बड़ी आसानी से बलदेव को चट कर जाता, मगर उसे अपनी ही जान की फ़िक्र पड़ी हुई थी। सारा चीतापन भूल गया था। आखिर वह इतना डरा कि उसके हाथ-पाँव फूल गए और वह फ़िसलकर उलटा नीचे गिरा। ज़मीन पर गिरते ही उसकी हड्डी-पसली चूर-चूर हो गई।

अब तक तो बलदेब को चीते का डर था। अब यह फ़िक्र हुई कि गुब्बारा मुझे कहाँ लिए जाता है। वह एक बार घंटाघर की मीनार पर चढ़ा था। ऊपर से उसे नीचे के आदमी खिलौनों-से और घर घरौदों-से लगते थे। मगर इस वक्त वह उससे कई गुना ऊँचा था।

एकाएक उसे एक बात याद आ गई। उसने किसी किताब में पढ़ा था कि गुब्बारे का मुँह खोल देने से गैस निकल जाती है और गुब्बारा नीचे उतर आता है। मगर उसे यह न मालूम था कि मुँह बहुत धीरे-धीरे खोलना चाहिए। उसने एकदम उसका मुँह खोल दिया और गुब्बारा बड़े जोर से गिरने लगा। जब वह ज़मीन से थोड़ी ऊँचाई पर आ गया तो उसने नीचे की तरफ देखा, दरिया बह रहा था। फिर तो वह रस्सी छोड़कर दरिया में कूद पड़ा और तैरकर निकल आया।

सर्प मणि

मैं जब जहाज़ पर नौकर था तो एक बार कोलंबो भी गया था। बहुत दिनों से वहाँ जाने को मन चाहता था। खासकर रावण की लंकापुरी देखने के लिए कलकत्ते से सात दिन में जहाज कोलम्बो पहुँचा। मेरा एक दोस्त वहाँ किसी कारखाने में नौकर था, मैंने पहले ही उसे खत डाल दिया था। वह घाट पर आ पहुँचा था। एक दम दोनों गले मिले और कोलम्बो की सैर करने चले। जहाज़ वहाँ चार दिन रुकने वाला था। मैंने कप्तान साहब से चार दिन की छुट्टी ले ली।

जब हम दोनों खा-पी चुके, तो गप-शप होने लगी। वहाँ के सीप और मोती की बात छिड़ गई। मेरे दोस्त ने कहा-यह सब चीज़ें तो यहाँ समुद्र में निकलती ही हैं और आसानी से मिल जायेंगी, मगर मैं तुम्हें एक ऐसी चीज़ दूँगा जो शायद तुमने कभी न देखी हो हाँ, उसका हाल किताबों में पढ़ा होगा।

मैंने ताअज़ुब्ब से पूछा-वह कौन-सी चीज है ?

'साँप का मणि।"

मैं चौंक उठा और बोला-साँप का मणि! उसका जिक्र तो मैंने किस्से-कहानियों में सुना है और यह भी सुना है कि उसका मोल सात बादशाहों के बराबर होता है। क्या साँप का असली मणि ?

वह बोले-हाँ भाई, असली मणि तुम्हें मिल जाय तब तो मानोगे।

मुझे विश्वास न हुआ वह फिर बोले-यहाँ पचासों किस्म के साँप हैं, मगर मणि एक ही तरह के साँपों के पास होता है। उसे कालिया कहते हैं। यह बात सच है कि यह चीज़ मुश्किल से मिलती है। पचासों में शायद एक के पास निकले मगर मिलती जरूर है।

मैंने सुना था कि साँप मणि को अपने सिर पर रखता है, मगर यह बात ग़लत निकली। मेरे दोस्त ने कहा-यह चीज़ उसके मुँह में होती है

मैंने पूछा-तो मुँह के अन्दर से चमक कैसे नज़र आती है!

दोस्त ने हँसकर कहा-जब उसे रोशनी की ज़रूरत होती है, तो वह किसी साफ़ पत्थर पर उसे सामने रख देता है। उस वक्त ज़रा भी खटका हो तो वह झट उसे मुँह में दबाकर भाग जाता है। उसकी यह आदत है कि जहाँ एक बार मणि को निकालता है, वहीं बार-बार आता है। मैं आज ही अपने आदमियों से कहे देता हूँ और वे लोग कहीं न-कहीं से ज़रूर खबर लायेंगे।

दो दिन गुजर गये। तीसरे दिन शाम को मेरे दोस्त ने मुझसे कहा-लो भाई, मणि का पता चल गया।

मैं झट उठ खड़ा हुआ और अपने दोस्त के साथ बाहर आया तो वह आदमी खड़ा था, जो मणि की ख़बर लाया था। वह कहने लगा-अभी मैं एक साँप को मणि से खेलते देख आया हूँ। अगर आप इसी वक्त चलें, तो मणि हाथ आ सकता है। हम फौरन उसके साथ चल

दिये थोड़ी देर में हम एक जंगल में पहुँचे। उस आदमी ने एक तरफ़ उंगली से इशारा करके कहा-वह देखिए, साँप मणि रखे बैठा है। मैंने उस तरफ़ देखा तो सचमुच कोई 20 गज की दूरी पर एक साँप फन उठाये बैठा है और उसके आसपास उजाला हो रहा है। पहले तो मैंने समझा कि शायद जुगनू हो पर वह रोशनी ठहरी हुई है जुगनू की चमक चंचल होती है-कभी दिखाई देती है, कभी ग़ायब हो जाती है। मैं बड़ी देर तक सोचता रहा कि किस उपाय से मणि हाथ लगे। आखिर मैंने उस आदमी से कहा-मुझसे बड़ी ग़लती हुई कि बन्दूक नहीं लाया, नहीं तो इसे मारकर मणि को उठा लेता। उस आदमी ने कहा-बन्दूक की कोई ज़रूरत नहीं है साहब, आप थोड़ी देर रुकिए, मैं अभी आया। यह कहकर वह कहीं चला गया।

थोड़ी देर के बाद वह कुछ हाथ में लिये लौटा।

मैंने पूछा-तुम्हारे हाथ में क्या है ?

उसने कहा-कीचड़

मैंने पूछा-कीचड़, क्या होगा ?

उसने कहा-चुप-चाप देखिए, मैं क्या करता हूँ।

वह चुपके से एक पेड़ पर चढ़ गया और मुझे भी चढ़ने का इशारा किया। मैं भी ऊपर चढ़ा। तब वह डालियों पर होता हुआ ठीक साँप के ऊपर आ गया, और एकाएक उस मणि पर कीचड़ फेंक दिया। अंधेरा छा गया। साँप घबड़ाकर इधर-उधर दौड़ने लगा। थोड़ी देर के बाद पत्तियों की खड़खड़ाहट बन्द हो गई। मैंने समझा साँप चला गया। पेड़ से उतरने लगा। उस आदमी ने मुझे पकड़ लिया और कहा-भूलकर भी नीचे न जाईएगा, नहीं तो घर तक न पहुँचिएगा। वह यहीं पर कहीं न कहीं छिपा बैठा है।

हम दोनों ने उसी पेड़ पर रात काटी दूसरे दिन सुबह होते ही हम दोनों इधर-उघर देखकर नीचे उतरे। साथी ने कीचड़ हटा दिया। मणि नीचे पड़ा था। मैं मारे खुशी के मतवाला हो गया।

जब हम दोनों घर पहुँचे, तो मेरे दोस्त ने कहा-अब तो तुम्हें विश्वास आया या अब भी नहीं ?

मैंने कहा-हाँ, साँप के पास से इसे लाया हूँ जरूर, मगर मुझे अभी तक सन्देह है कि यह वही मणि है, जिसका मोल सात बादशाहों के बराबर है।

दर्याफ्त करने पर मालूम हुआ कि वह एक किस्म का पत्थर है, जो गर्म होकर अंधेरे में जलने लगता है। जब तक वह ठंडा नहीं हो जाता, वह इसी तरह रोशन रहता है। साँप इसे दिनभर अपने मुँह में रखता है, ताकि यह गर्म रहे। रात को वह इसे किसी जंगल में निकालता है और इसकी रोशनी में कीड़े-मकोड़े पकड़कर खाता है।

बनमानुस खानसामा

कुछ दिन हुए इलाहाबाद में एक सरकस आया था। उसमें और तो बहुत से जानवर थे, मगर एक बनमानुस बहुत होशियार था, उसे लोग डिक नाम से पुकारते ये। मालिक ने उसे ऐसा सिखाया था कि वह घर का सब काम कर लेता। हाँ, बोलने से लाचार था। उसके मालिक की स्त्री मर चुकी थी, सिर्फ एक छोटा-सा बच्चा था। जब मालिक कहीं चला जाता, तो डिक ही उस बच्चे की रखवाली करता था।

मालिक के नौकरों में तीन आदमी बड़े शैतान और कामचोर थे। एक दिन तमाशा हो रहा था; पर तीनों

आदमी शराब के नशे में चूर पड़े हुए थे। जब इनके काम करने का वक्त आया तो उनका कहीं पता नहीं चला। मालिक बहुत घबड़ाया। बहुत तलाश करने पर तीनों एक कोठरी में मिले मगर इस दशा में वे कर ही क्या सकते थे। तमाशा बरबाद हो गया। तमाशा खतम होते ही मालिक ने उन तीनों को डांटा और निकाल दिया। चाहिए तो यह था कि वे अपने किये पर पछताते और मालिक से अपराध क्षमा कराते, मगर वे उलटे बिगड़ उठे और मालिक से इस बेइज्जती का बदला लेने का तरीका सोचने लगे।

एक दिन तीनों बदमाश इसी घात में बैठे हुए थे कि डिक बच्चे को उसकी छोटी-सी गाड़ी पर बिठाकर घुमाने निकला। डिक को देखते ही तीनों उसके पास पहुँचे और एक ने डिक को तमंचा दिखाया, बाकी दोनों आदमी बच्चे को लेकर भाग खड़े हुए।

डिक बड़ा समझदार था उसने सोचा कि अगर इस वक्त रोकता हूँ तो मेरी भी जान जायेगी और बच्चे की भी। वह चुप-चाप वहीं खड़ा रहा। जब वह तीनों बच्चे को लेकर कुछ दूर निकल गये, तो वह एक पेड़ पर चढ़ गया कि देखें यह सब क्या करते हैं। वे ज्यों-ज्यों आगे

बढ़ते जाते थे, डिक भी एक से दूसरे पेड़ पर और दूसरे से तीसरे पेड़ पर कूद कूदकर उनका पीछा करता जाता था। आखिर वे सब रेल- गाड़ी की पटरियों तक पहुँच गये। वहाँ वे बच्चे को रेलगाड़ी की पटरियों के बीच वाली लकड़ी पर लिटाकर दूर से तमाशा देखने के लिये खड़े हो गये। बच्चे के हाथ-पाँव बंधे थे, इसलिए वह हिल भी न सकता था। डिक भी चुपके से उतरा और एक झाड़ी की आड़ में छिप गया।

अरे रेरे! यह तो गजब हुआ! वह दुर से गाड़ी चली आ रही है बच्चे की जान अब कैसे बचेगी? अब क्या उपाय है? अगर डिक बच्चे के पास जाता है, तो शायद ये तीनों शैतान देख लें और तमंचे से मार डालें। ज्यादा सोचने का मौका न था। थोड़ी ही दूर पर प्वाईंट सिगनल था। इसके सिवा कोई दूसरा उपाय न था। डिक को सिगनल की क्रिया मालूम थी। उसने पहले कई बार आदमियों को गाड़ी को एक पटरी से दूसरी पटरी पर लाते देखा था

गाड़ी बच्चे से बहुत करीब आ गई थी। मुसाफिरों ने देखा कि एक बच्चा पटरी पर पड़ा हुआ है ड्रायवर की निगाह भी बच्चे पर पड़ी। वह ब्रेक को कसने लगा, लेकिन गाड़ी का एकदम रुकना मुश्किल था। वह रुकते

रुकते भी बच्चे के सिर पर आ जायेगी। ठीक उसी वक़्त डिक ने प्वायंट सिगनल को खींचा। गाड़ी दूसरी लाइन पर चली गई। डिक दौड़ता हुआ आया और बच्चे को गोद में लेकर भागा। बदमाश लोग दिल में खुश हो रहे थे कि आज दिली मुराद पूरी हुई। एकाएक उन्होंने देखा कि डिक बच्चे को लिये भागा जा रहा है। वे उसके पीछे दौड़ने लगे बच्चे की वजह से डिक तेज न दौड़ सकता था। तीनों आदमी उसके करीब होते जाते थे। मगर डिक ने हिम्मत न छोड़ी, यहाँ तक कि सरकस का तम्बू सामने आ गया।

एकाएक दन से एक गोली उसकी पीठ पर लगी। आवाज़ सुनते ही मालिक तम्बू से निकल आया तो देखता है कि डिक बच्चे को लिये पीठ झुकाये लंगड़ाता चला आता है। मालिक ने आगे बढ़कर बच्चे को लिया उसी वक्त डिक ज़मीन पर गिर पड़ा और नमक का हक अदा करके इस दुनिया से रुखसत हो गया।

इतने में सरकस के कई आदमी उन तीनों बदमाशों को पकड़े हुए उसके सामने लाये। उन तीनों को देखकर वह सब कुछ समझ गया और डिक की छाती पर लोटकर बालक की तरह रोने लगा।

पालतू भालू

किसी शहर में एक बनिया रहता था। वह ज़मींदार का कारिन्दा था। असामियों से रुपया वसूल करना उसका काम था।

एक दिन वह असामियों से रुपये वसूल करके घर चला। रास्ते में एक नदी पड़ती थी। लेकिन मल्लाह अपना-अपना खाना बना रहे थे। कोई उस पार ले जाने पर राजी न हुआ

वहाँ से थोड़ी ही दूर पर एक और नाव बंधी थी। उसमें दो मल्लाह बैठे हुए थे। कारिन्दा के हाथ में रुपये

की थैली देखकर दोनों आपस में कानाफूसी करने लगे। तब एक ने कहा-आओ साबजी, हम उस पार पहुँचा दें।

बनिया बड़ा सीधा आदमी था। उसे कुछ सन्देह न हुआ। चुप-चाप जाकर नाव पर बैठ गया। इतने में एक मदारी अपना भालू लेकर वहाँ आ पहुँचा और कारिन्दा से पूछने लगा-सावजी, कहाँ जाओगे ?

बनिये ने जब अपने गाँव का नाम बताया तो वह ख़ुश होकर बोला-मैं भी तो वहीं चल रहा हूँ। यह कहता हुआ वह भालू को लेकर नाव पर चढ़ गया। पहले तो मल्लाहों ने बहुत नाक-भौं सिकोड़ा, मगर बाद में ज्यादा पैसा देने पर राज़ी हो गये। नाव खुल गई।

कारिन्दा दिन भर का थका था। नाव धीरे-धीरे हिलने लगी, तो उसे नींद आ गई। मदारी भालू की पीठ पर सिर रखे मल्लाहों की ओर ताक रहा था। उन दोनों को थैली की तरफ बार-बार ताकते देखकर उसे कुछ सन्देह होने लगा। यह सब ठग तो नहीं हैं ? उसने सोचा, ज़रा देखूँ तो इन दोनों की क्या नीयत है। उसने झूठ-मूठ आँखें बन्द कर लीं, मानो सो गया है।

अब नाव ज़ोर से चलने लगी। क़रीब दो घंटे के बाद कारिन्दा चौंककर उठा तो उसे अपने गाँव का किनारा दिखाई दिया! मल्लाहों से बोला-बस-बस पहुँच गये, नाव किनारे लगा दो। लेकिन मल्लाहों ने उसकी बात अनसुनी कर दी। तब कारिन्दा ने डाँटकर कहा- तुम लोग नाव को किनारे क्यों नहीं लगाते जी ? सुनते नहीं हो ?

इस पर एक मल्लाह ने घुड़ककर कहा- क्या बक-बक करते हो। हम लोगों को इतना भी नहीं मालूम कि नाव कहाँ लगानी होगी ?

मदारी अब तक चुपचाप पड़ा देखता रहा। उसने भी कहा-हाँ, हाँ, यही तो किनारा है, नाव क्यों नहीं लगाते ? मल्ल्हों ने उसे भी फटकारा। तब वह चुपके से कारिन्दा के पास खिसक गया और धीरे से बोला-इन सबों की नीयत कुछ खराब मालूम होती है। होशियार रहना कारिन्दा को जैसे जूड़ी चढ़ आई।

मील भर चलने के बाद मल्लाहों ने नाव को एक जंगल के पास लगाया और उतरकर जंगल में जा घुसे। उनके साथ के कई डाकू जंगल में रहते थे दोनों उनको खबर देने गये।

बनिया बच्चों की तरह रोने लगा। अपना गाँव मील भर पीछे छूट गया वहाँ न कोई साथी, न मददगार। मगर मदारी ने उसे तसल्ली दी।

वह देखो, कई आदमी हाथ में मशालें लिये हुए नाव की ओर चले आ रहे हैं, ज़रूर यह डाकुओं का गिरोह है। कारिन्दा के हाथ-पाँव फूल गये।

एकाएक मदारी भालू को लिये हुए नाव से उतरा और किनारे पर चढ़ गया डाकू नीचे उतर ही रहे थे कि उसने अपने भालू को उनके पीछे ललकार दिया फिर क्या था; भालू ने लपककर एक डाकू को पकड़ा और उसके मुँह पर ऐसा पंजा मारा कि सारा मुँह लहू-लुहान हो गया। उसे छोड़कर व दूसरे डाकू पर लपका। डाकुओं में भगदड़ पड़ गई। सब-के-सब अपनी-अपनी जान लेकर भागे। बस वही पड़ा रह गया, जो घायल हो गया था।

गाँव में पहुँचकर कारिन्दा ने मदारी को गले से लगाकर कहा-तुम पूर्व जन्म में मेरे भाई थे, आज तुम्हारी बदौलत मेरी जान बची।

बाघ की खाल

राँची से लेकर चक्रधरपुर तक घना जंगल है। उसकी लम्बाई कोई 75 मील होगी। इस जंगल में तरह-तरह के जानवर रहते हैं। उनमें बाघ सबसे खौफ़नाक होता है। कई साल हुए मेरा एक दोस्त और मैं रांची के एक दफ़्तर में काम करते थे। हम दोनों चक्रधरपुर के रहने वाले थे। जब दफ्तर में छुट्टियाँ हो जातीं, तो हम दोनों घर चले जाते थे। वहाँ रेलवे लाइन है, एक मोटर-बस चला करती है। एकबार हम दोनों को एक बड़े ज़रूरी काम से घर जाना। पड़ा संयोग से उस दिन मोटर-बस भी न मिली। आखिर यह तय किया कि पैरगाड़ी पर चलें। हिसाब लगाकर देखा कि अगर बीच में कहीं न ठहरें तो

नौ-दस घण्टों में पहुँच जायेंगे आखिर कुछ खाने-पीने का सामान लेकर हम दोनों साइकिल पर सवार होकर शाम को छः बजे निकल पड़े।

उजाली रात थी। मील भर जाने के बद चाँद निकल आया। आस-पास की पहाड़ियाँ दिखाई देने लगीं। चारों ओर सन्नाटा छाया हुआ था और उस सन्नाटे को चीरती हुई हमारी साइकिलें सन-सन चली जा रही थीं। थोड़ी-थोड़ी दूर पर जंगली आदमियों की बस्तियाँ मिल जाती थीं। उनकी झोपडियों से ढोल और बाँसुरी की मीठी-मीठी आवाज़ें आ जाती थीं। हम दोनों इस दृश्य का आनन्द उठाते चले जा रहे थे।

अचानक मेरे दोस्त को कै आ गई और वह साइकिल पर से गिर पड़ा। उसका यह हाल देखकर मेरी जान सुख गई। उसे तो हैज़ा हो गया था; अब क्या करूँ न कोई बस्ती न गाँव, उसे कहाँ ले जाऊँ। कुछ समझ में न आता था। मैंने अपने दोस्त का नाम लेकर पुकारा, मगर उसके मुँह से कोई आवाज़ न निकली। वह दर्द-भरी आँखों से मेरी तरफ़ देखने लगा। उसकी यह दशा देखकर मुझे भी रोना आ गया। फिर सोचा, रोने से क्या होगा, देखूँ, यहाँ नज़दीक कोई गाँव है या नहीं। शायद किसी से कुछ मदद

मिल जाये। मैंने अपने दोस्त से फिर पूछा, भाई तुम्हारा जी कैसा है, कुछ तो बताओ? फिर भी कोई जवाब नहीं मैंने उसकी नाड़ी पर हाथ रखा। नाड़ी का कहीं पता नहीं, हाँ, साँस चल रही थी ! सोचने लगा, इसे छोड़कर कैसे जाऊँ? कोई जंगली जानवर आ पहुँचे, तो लाश का भी पता न चले। आखिर मैंने दोनों पैरगाड़ियों को एक पेड़ के सहारे खड़ा किया और अपने दोस्त को उस पर लिटाकर किसी गाँव की तलाश में निकला। रास्ते में बार-बार अपने दोस्त का खयाल आने लगा। चारों ओर घना जंगल, पेड़ों के नीचे बड़ी मुश्किल से रोशनी पहुँचती थी। रास्ता न दिखाई देता था। अचानक मैं एक पत्थर से ठोकर खाकर गिर पड़ा। चोट तो ज्यादा न आई, मगर हाथ-पाँव कुछ छिल गये। मैं फिर उठा कि एकाएक कुछ आहट पाकर पीछे की ओर ताका। क्या देखता हूँ कि कोई 15 गज की दूरी पर एक बाघ खड़ा है। मेरे होश उड़ गये। ऐसा जान पड़ा जैसे बदन में खून नहीं है। साँस तक बन्द हो गई। मुझे खड़ा देखकर वह भी रुक गया। फिर मैंने सोचा कि शायद मुझे भ्रम हो गया है, शायद मैं किसी पेड़ की परछाई को बाघ समझ रहा हूँ। यह सोचकर मैं फिर आगे बढ़ा, मगर आँखें पीछे ही लगी रहीं। अबकी बार सचमुच मुझे; पत्तों की खड़खड़ाहट सुनाई दी। मैंने

फिर पीछे की ओर देखा। बाघ मेरे पीछे-पीछे चला आ रहा था। मेरे रोयें खड़े हो गये और मैं लकड़ी-सा तन गया। कुछ सोचने की मुझमें शक्ति ही नहीं रही। मुझे खड़ा होते देखकर वह ज़मीन पर हाथ-पाँव फैलाकर बैठ गया। मुझे अब जान की कोई आशा न रही। न तो मेरे पास कोई पिस्टल था और न चाकू। न मालुम क्या सोचकर मैं बड़े ज़ोर से चिल्ला उठा। बाघ मेरी आवाज सुनते ही उठा भौर चुपचाप जंगल की ओर चला गया।

बाघ को जाते देख कर मैं इतना खुश हुआ कि क्या कहूँ। मेरी हिम्मत भी लौट आई। सोचने लगा, घर पहुँचकर सबको यह किस्सा सुनाऊँगा और कहूँगा कि अगर कोई इसी तरह बाघ के सामने पड़ जाये तो उसे खूब चिल्लाना चाहिए। यही सोचता हुआ मैं तेजी से चला जाता था।

अभी थोड़ी ही दूर गया था कि फिर कुछ आहट मिली देखा। तो सामने बाघ ! मैंने तो अपनी समझ में बाघ को भगाने का मंत्र पा लिया था लगा ज़ोर से चिल्लाने। मगर अब की बाघ वहाँ से हिला भी नहीं। उसका जवाब उसने यह दिया कि मुझसे आठ-दस गज़ पर मारे खुशी के अपनी दुम हिलाने लगा। अब तो मेरी हिम्मत छूट गई।

कह नहीं सकता कि मैं कितनी देर तक वहाँ खड़ा रहा! एका-एक मोटर के हार्न की आवाज़ कान में आई। फिर सोचा, शायद यह भी भ्रम हो। फिर भी मुझे कुछ हिम्मत हुई। मैं धीरे-धीरे पीछे हटने लगा। कोई आठ-दस कदम पीछे हटा था कि अचानक बाघ उठा। मेरा कलेज़ा मानो सिमटकर एड़ियों में धंस गया बस, वह मुझ पर फांदा ! मैंने झटसे आँखें बन्द कर लीं और दोनों हाथों से सिर पकड़ लिया। मगर बाघ मुझ पर फांदा नहीं, बल्कि जितनी दूर मैं पीछे हट गया था, उतना ही वह आगे बढ़ आया और फिर बैठ गया।

फिर हार्न की आवाज़ सुनाई दी शायद कोई लारी राँची से आ रही थी। फिर मुझे होश नहीं कि क्या हुआ। सिर्फ, इतना याद है कि मैं एक मर्तबा बड़े ज़ोर से चिल्लाया था-मार डाला! मार!

जब मुझे होश आया तो मैंने देखा कि मेरा सिर किसी की जाँघ पर रखा हुआ है और आस-पास कई आदमी खड़े हैं। मेरा दोस्त भी वहीं बैठा हुआ है। मैंने उनसे थोड़ा पानी माँगा, उन्होंने मुझे गर्म दूध निकालकर पिलाया। बाद को मुझे मालूम हुआ कि यह साहब इंजीनियर थे, अपने तीन-चार दोस्तों के साथ टाटानगर जा रहे थे।

रास्ते में उन्हें दिखाई दिया कि पक पेड़ के नीचे दो आँखें-सी चमक रही हैं। उन्होंने बाघ समझकर बन्दूक उठाई अचानक उस पर मोटर की रोशनी पड़ते ही उन्होंने देखा कि वह आँखें नहीं हैं, बल्कि दो पैरगाड़ियों की बत्तियाँ जल रही हैं। उन्होनें फौरन मोटर रोक लिया और उतरकर पेड़ के नीचे आये, तो देखा कि एक आदमी बेहोश पड़ा हुआ है उनके पास कुछ दवाएँ थीं। दवाएँ पिलाने से उस आदमी की हालत कुछ संभल गई। उन्होंने उसे मोटर में बैठाया और चले ही आ रहे थे। फिर देखा कि एक बाघ मेरी छाती पर दोनों अगले पंजे रखकर बैठा हुआ है। मोटर के करीब आते ही बाघ ने मुझे छोड़ दिया और भागा, मगर इंजीनियर साहब की बन्दूक ने उसे वहीं ठंढा कर दिया।

उन्हीं की मदद से हम दोनों घर पहुँचे। मेरे सारे कपड़े खून से तर थे। छाती में ज़ख्म हो गया था। कई दिन मरहम-पट्टी करने के बाद मैं अच्छा होकर फिर रांची लौटा। उसके थोड़े हो दिन बाद इंजीनियर साहब ने मुझे एक बाघ की खाल भेज दी और लिखा कि वह उसी बाघ की खाल है।

यह खाल अभी तक मेरे पास मौजूद है।

मगर का शिकार

मेरा गाँव सरजू नदी के किनारे है। न जाने क्यों सरजू में ऐसे जानवर बहुत रहते हैं। एक मर्तबा की बात है कि मैं नदी के किनारे पार जाने के लिए आया तो देखा कि कई मछुए एक बकरी के बच्चे को लिये दरिया के किनारे चले आ रहे हैं। उनमें से एक के हाथ में एक बड़ा-सा छुरा भी था। मैंने समझा कि लोगो इसे हलाल करने के लिए लाये हैं। मैंने कहा-इसे चाकू से क्यों हलाल करते हो, खड़ग से क्यों नहीं मारते? इस पर एक आदमी ने कहा-हजूर, इसे हलाल नहीं करेंगे, इससे मगर का शिकार करेंगे।

मैंने कहा-कैसे?

'हजूर, चुपचाप देखिए'

मैं पार जाना भूल गया। वहीं मगर का शिकार देखने के लिए ठहर गया। देखा कि लोगों ने उस बकरी के बच्चे को एक पेड़ के नीचे बाँधा। वह पेड़ दरिया से कुल बीस गज पर था। इसके बाद उन्होंने एक हाड़ी से कुछ जोंक निकाले और उन्हें बकरी के बच्चे पर लगा दिया। जब बच्चा मैं मैं करने लगा तो हम लोग एक पेड़ की आड़ में छिप गये और मगर का इंतज़ार करने लगे।

मगर का एक अजीब स्वभाव यह है कि वह जिस रास्ते से दरिया से निकल कर आता है, उसी रास्ते से दरिया की ओर लौटता भी है, जिससे वह रास्ता न भूल जाये।

कोई घंटा-भर बैठने के बाद हम लोगों ने एक मगर को पानी से सिर निकालते देखा। हम लोगों ने चुप्पी साध ली मगर ने डुबकी लगाई और गायब हो गया इधर बकरा मैं-मैं करता ही रहा। कोई तीन-चार मिनट के बाद मगर ने फिर सिर निकाला और धीरे-धीरे किनारे

पर चढ़ आया और इधर-उधर बड़े ध्यान से देखने लगा। जब उसे मालूम हो गया कि यहाँ बिल्कुल सन्नाटा है, तो वह रेंगता हुआ बच्चे के समीप गया। बच्चे के बिल्कुल पास पहुँचकर उसने फ़िर एक बार इधर-उधर गौर से देखा और जब फिर उसे कोई न दिखाई दिया, तो उसने झटपट बच्चे की गरदन पकड़ ली।

उधर उन मछुओं में से एक आदमी वहीं चाकू लिए हुए चुपके से दरिया के किनारे पहुँच गया। और ठीक उसी जगह जहाँ मगर दरिया से निकला था, चाकू को इस कदर ज़मीन में गाड़ा कि उसकी नोक जमीन से कोई दो इंच निकली रहे। जब वह चाकू गाड़कर लौटा तो सब-के-सब एक साथ चिल्लाकर आड़ से निकले और अपने सोटे लिए हुए मगर के पीछे दौड़े। अचानक इतने आदमियों को अपने ऊपर हमला करते देखकर मगर घबड़ा गया और जल्दी से नदी में उतर गया। वह तो डुबकी लगाकर गायब हो गया; लेकिन उस जगह नदी के पानी का रंग लाल-ही-लाल दिखाई देने लगा।

मछुए खुश हो-होकर उछल पड़े और कहने लगे- बस, मार दिया। मैंने ताज्जुब से पूछा-मगर तो भाग गया, तुमने मारा कहाँ !

एक मछुए ने कहा-ज़रा सब्र तो कीजिए, अभी देखिएगा।

मेरी नज़र चाकू की नोक पर पड़ी तो मैंने देखा कि वह बिलकुल लाल हो गई है और उस जगह से दरिया तक लाल ही लाल दिखायी देता है।

कोई पन्द्रह-बीस सिनट के बाद वे लोग चिल्ला उठे- वह निकला, वह निकला। सचमुच बीच दरिया में एक मगर की लाश तैर रही थी उसका पेट चिरा हुआ था और उस वक्त भी खून बह रहा था

वह लोग नाव पर सवार होकर बीच दरिया में गये और मगर को जाल में फंसाकर किनारे लाये एक आदमी फ़ौरन दौड़ता हुआ गया और एक बैलगाड़ी लाया। लोगों ने मगर को बैलगाड़ी पर लादा और चल दिये। इतना बड़ा मगर मैंने न देखा था। वह कोई 15 फीट लम्बा था।

जुड़वाँ भाई

कभी-कभी मूर्ख मर्द ज़रा-ज़रा-सी बात पर औरतों को पीटा करते हैं। एक गाँव में ऐसा ही एक किसान था। उसकी औरत से कोई छोटा- सा नुकसान भी हो जाता तो वह उसे बग़ैर मारे न छोड़ता। एक दिन बछड़ा गाय का दूध पी गया। इस पर किसान इतना झल्लाया कि औरत को कई लातें जमाईं। बेचारी रोती हुई घर से भागी। उसे यह न मालूम था कि मैं कहाँ जा रही हूँ। वह किसी ऐसी जगह भाग जाना चाहती थी, जहाँ उसका शौहर उसे फिर न पा सके।

चलते-चलते वह जंगल में पहुँच गई। पहले तो वह बहुत डरी कि कोई जानवर न उठा जे जाये, मगर फिर सोचा, मुझे क्या डर जब दुनिया में मेरा कोई अपना नहीं है, तो मुझे जीकर क्या करना है। मरकर मुसीबत से तो छूट जाऊंगी। मगर उसे कोई जानवर न मिला और वह रात को एक पेड़ के नीचे सो गई। दूसरे दिन उसने उसी जंगल में एक छोटी-सी झोपड़ी बना ली और उसमें रहने लगी। लकड़ी और फूस की कोई कमी थी ही नहीं, मूंज भी इफ़रात थी। दिन-भर में झोपड़ी तैयार हो गयी। अब वह जंगल में लकड़ियाँ बटोरती और उन्हें आस-पास के गाँवों में बेचकर खाने-पीने का सामान खरीद लाती इसी तरह उसके दिन कटने लगे।

कुछ दिनों के बाद उस औरत के जुड़वाँ लड़के पैदा हुए। बच्चों को पालने-पोसने में उसका बहुत-सा वक्त निकल जाता और वह मुश्किल से लकड़ियाँ बटोर पाती। उसे अब रात को भी काम करना पड़ता। मगर इतनी मुसीबत झेलने पर भी वह अपने शौहर के घर न जाती थी। एक-दिन वह दोनों बच्चों को लिये सो रही थी। गरमी की रात थी। उसने हवा के लिए झोपड़ी का

दरवाजा खुला छोड़ दिया था। अचानक रोने की आवाज़ सुनकर उसकी नींद टूट गई तो देखा कि एक बड़ा भारी भालू उसके एक बच्चे को उठाये लिये जा रहा है। उसके पीछे-पीछे दौड़ी मगर भालू जंगल में न जाने कहाँ घुस गया बेचारी छाती पीट-पीटकर रोने लगी। थोड़ी देर में उसे दूसरे लड़के की याद आई। भागती हुई झोपड़ी में आई मगर देखा कि दूसरे लड़के का भी पता नहीं। फिर छाती पीटने लगी-ज़िन्दगी का यही एक सहारा था, वह भी जाता रहा। वह दुःख की मारी दूसरे ही दिन मर गई।

भालू उस बच्चे को ले जाकर अपनी माँद में घुस गया और उसे बच्चों के पास छोड़ दिया। बच्चे को हँसते-खेलते देखकर भालू के बच्चों को न मालूम कैसे उस पर तरस आ गया। पशु भी कभी-कभी बालकों पर दया करते हैं। यह लड़का भालू के बच्चों के साथ रहने लगा। उन्हीं के साथ खेलता, उन्हीं के साथ खाता और उन्हीं के साथ रहता। धीरे-धीरे वह उन्हीं की तरह चलने-फिरने लगा। उसकी सारी आदतें जानवरों की-सी हो गईं वह सूरत से आदमी, मगर आदतों से भालू था और उन्हीं की बोली भी बोलता था।

अब दूसरे लड़के का हाल सुनो, जब उसकी माँ उसके भाई की खोज में चली गई थी, तो झोपड़ी में एक नई बात हो गई। एक राजा शिकार खेलने के लिए जंगल में आया था और अपने साथियों से अलग होकर भूखा-प्यासा इधर-उधर भटक रहा था। अचानक यह झोपड़ी देखी, तो दरवाज़े पर आकर पुकारने लगा कि जो कोई अन्दर हो, मुझे थोड़ा-सा पानी पिला दो, मैं बहुत प्यासा हूँ। मगर जब बच्चे के रोने के सिवा उसे कोई जवाब न मिला तो वह झोपड़ी में घुस आया। देखा कि एक बच्चा पड़ा रो रहा है, और यहाँ कोई नहीं है। वह बाहर निकलकर चिल्लाने लगा कि यहाँ कौन रहता है। जल्दी आओ, तुम्हारा बच्चा अकेला रो रहा है। जब कई बार पुकारने पर भी कोई नहीं आया, तो उसने समझा कि इस बच्चे की माँ को कोई जानवर उठा ले गया है। राजा के कोई लड़का न था। उसने बच्चे को गोद में उठा लिया और घर चला आया।

बीस वर्ष बीत गये। किसान का अनाथ बच्चा राजा हो गया। वह बड़ा विद्वान और चतुर निकला। बहादुर भी ऐसा था कि इतनी ही उम्र में उसने अपने बहुत से दुश्मनों को हरा दिया।

एक दिन नये राजा साहब शिकार खेलने गये मगर कुछ हाथ न लगा। निराश होकर घर की ओर लौटे आ रहे थे कि इतने में उन्होंने देखा कि एक अद्भुत जानवर एक बड़े हिरन को कंधे पर लादे भागा जा रहा है ! उसकी शक्ल बिल्कुल आदमी की-सी थी-सिर, दाढ़ी, मुँछ के बाल इतने बढ़ गये थे कि उसका मुह क़रीब-क़रीब बालों से ढक गया था। उसे देखकर राजा ने फ़ौरन घोड़ा रोक लिया और उसे ज़िन्दा पकड़ने की कोशिश करने लगे। वह जानवर हिरन को ज़मीन पर रखकर राजा की ओर दौड़ा। राजा साहब शिकार खेलने में चतुर थे, उन्होंने तलवार निकाली और दोनों में लड़ाई होने लगी। आखिर वह जानवर ज़ख्मी हो गया। राजा साहब ने उसे अपने घोड़े पर लाद लिया और अपने घर लाये। कुछ दिनों तक तो वह पिंजड़े में बन्द रखा गया, फिर कभी-कभी बाहर निकाला जाने लगा। धीरे-धीरे उसकी आदतें बदलने लगीं। वह आदमियों की तरह चलने लगा और आदमियों की तरह बोलने भी लगा। उसके बाल काट दिये गये और

कपड़े पहिना दिये गये। देखने वालों को अचम्भा होता था कि इस जंगली आदमी की सूरत राजा साहब से इतनी मिलती है, मगर यह किसे मालूम था कि वह राजा साहब का जुड़वां भाई है, जिसे भालू उठा ले गया था

पागल हाथी

मोती राजा साहब की सवारी का खास हाथी था। यों तो बादल बहुत ही सीधा और समझदार किस्म का था, पर कभी-कभी उसका मिजाज़ बिगड़ जाता था और वह अपने आपे में न रहता था। उस हालत में उसे किसी बात की सुधि न रहती थी, महावत का दबाव भी न मानता था। एक बार इसी पागलपन में उसने अपने महावत को मार डाला।

राजा साहब ने यह खबर सुनी, तो उन्हें बहुत क्रोध आया। मोती की पदवी छिन गई। राजा साहब की सवारी

से निकाल दिया गया। कुलियों की तरह उसे लकड़ियाँ ढोनी पड़ती, पत्थर उठाने पड़ते और शाम को पीपल के नीचे मोटी जंजीरों से बाँध दिया जाता। उसके सामने खाने के लिए सूखी टहनियाँ डाल दी जातीम। उन्हीं को खाकर अपनी भूख की आग बुझाता था।

जब वह इस दशा को पहले की दशा से मिलाता, तो वह बहुत चंचल हो उठता। सोचता– 'कहाँ मैं राजा का सबसे प्यारा हाथी था, कहाँ आज मामूली मजदूर हूँ।' यह सोचकर ज़ोर से चिंघाड़ता और उछलता। आखिर एक दिन उसे इतना जोश आया कि जंजीरे तोड़ डाली और जंगल की तरफ भागा।

थोड़ी ही दूर पर एक नदी थी। मोती पहले उस नदी में जाकर खूब नहाया। फिर वहाँ से जंगल की ओर बढ़ा। इधर राजा साहब के सिपाही उसको पकड़ने के लिए दौड़े, मगर मारे डर के कोई उसके पास जा न सका। जंगल का जानवर जंगल ही में चला गया।

जंगल में पहुँचकर अपने साथियों को ढूंढने लगा। वह कुछ दूर और आगे बढ़ा, तो उसे उसके साथी दिख गये।

पर जब उसके साथियों ने उसके गले में रस्सी और पांव में टूटी जंजीर देखी, तो उससे मुँह फेर लिया। उसकी बात तक न पूछी। उनका शायद यह मतलब था कि तुम तो गुलाम थे ही, अब नमकहराम गुलाम हो गए हो। तुम्हारी जगह इस जंगल में नहीं हैं।

जब तक वे आँखों से ओझल न हो गए, मोती वहीं खड़ा ताकता रहा। फिर न जाने क्या सोचकर वहाँ से भागता हुआ महल की ओर चला।

वह रास्ते ही में था कि उसने देखा कि राजा साहब शिकारियों के साथ घोड़े पर चले आ रहे हैं। वह फौरन एक बड़ी चट्टान की आड़ में छिप गया। धूप तेज थी। राजा साहब जरा दम लेने को घोड़े से उतरे। अचानक मोती आड़ से निकल पड़ा और गरजता हुआ राजा साहब की ओर दौड़ा।

राजा साहब घबराकर भागे और एक छोटी झोंपड़ी में घुस गये। जरा देर बाद मोती भी पहुँचा। उसने राजा साहब को अंदर घुसते देख लिया था। पहले तो उसने

अपनी सूंड़ से ऊपर का छप्पर गिरा दिया, फिर उसे पैरों से रौंदकर चूर-चूर कर डाला। भीतर राजा साहब का मारे डर के बुरा हाल था, जान बचने की कोई आशा न थी।

आखिर कुछ न सूझी, तो वह जान पर खेलकर पीछे दीवार पर चढ़ गए और दूसरी तरफ कूदकर भाग निकले। मोती द्वार पर खड़ा छप्पर रौंद रहा था और सोच रहा था कि दीवार कैसे गिराऊं। आखिर उसने धोखा देकर दीवार गिरा दी। मिट्टी की दीवार पागल हाथी का धक्का क्या सहती? मगर जब राजा साहब भीतर न मिले, तो उसने बाकी दीवारें भी गिरा दी और जंगल की तरफ चला गया।

घर लौटकर राजा साहब ने ढिंढोरा पिटवा दिया कि जो व्यक्ति मोती को जीता पकड़कर लाएगा, उसे हजार रुपये इनाम दिया जायेगा। कई आदमी इनाम के लालच में उसे पकड़ने गये। मगर उनमें से एक भी न लौटा।

मोती के महावत का एक लड़का था। उसका नाम

था मुरली। अभी वह कुल आठ नौ बरस का था। राजा साहब दया करके उसको और उसकी माँ को कुछ खर्च दिया करते थे। मुरली था तो बालक, पर हिम्मत का धनी था। कमर बाँधकर मोती को पकड़ लाने के लिए तैयार हो गया। मगर माँ ने बहुतेरा समझाया, और लोगों ने भी समझाया, मगर उसने एक न सुनी और जंगल की ओर चल दिया।

जंगल में गौर से इधर-उधर देखने लगा। आखिर उसने देखा कि मोती सिर झुकाये उसी पेड़ की तरफ चला आ रहा हैं। उसकी चाल से ऐसा मालूम होता था कि उसका मिजाज ठंडा हो गया है। ज्यों ही मोती उस पेड़ के नीचे आया, उसने पेड़ के ऊपर से पुचकारा – 'मोती!'

मोती इस आवाज को पहचानता था। वहीं रुक गया और सिर उठा कर ऊपर की ओर देखने लगा। मुरली को पहचान गया। यह वही मुरली था, जिसे वह अपनी सूंड में उठाकर अपने मस्तक पर बैठा लेता था।

'मैंने ही इसके बाप को मार डाला है।' यह सोच कर उसे उस बालक पर दया आई। खुशी से सूंड हिलाने लगा।

मुरली उसके मन के भाव को पहचान गया। वह पेड़ से नीचे उतरा और उसकी सूंड को थप क्या देने लगा। फिर उसे बैठने का इशारा किया। मोती बैठा नहीं, मुरली को सूंड से उठाकर पहले की ही तरह मस्तक पर बिठा लिया और राजमहल की ओर चला।

मुरली जब मोती को लिए हुए राजमहल के द्वार पर पहुँचा, तो सबने दांतो तले उंगली दबाई। फिर भी किसी की हिम्मत न होती थी कि मोती के पास जाये। मुरली चिल्लाकर बोला – 'डरो मत। मोती बिल्कुल सीधा हो गया है। ऐसा किसी से न बोलेगा।'

राजा साहब भी डरते-डरते मोती के सामने आये। उन्हें कितना अचंभा हुआ कि वही पागल मोती अब गाय की तरह सीधा हो गया है।

उन्होंने मुरली को एक हजार इनाम दिया ही, उसे अपना खास महावत बना लिया और मोती फिर से राजा साहब का सबसे प्यारा हाथी बन गया।

मिट्ठू

बंदरों के तमाशे तो तुमने बहुत देखे होंगे। मदारी के इशारों पर बंदर कैसी-कैसी नकलें करता है, उसकी शरारतें भी तुमने देखी होंगी। तुमने उसे घरों से कपड़े उठाकर भागते देखा होगा। पर आज हम तुम्हें एक ऐसा हाल सुनाते हैं, जिससे मालूम होगा कि बंदर लड़कों से दोस्ती भी कर सकता है।

कुछ दिन हुए लखनऊ में एक सर्कस-कंपनी आई थी। उसके पास शेर, भालू, चीता और कई तरह के और भी जानवर थे। इनके सिवा एक बंदर 'मिट्ठू' भी था। लड़के झुंड-के-झुंड रोज इन जानवरों को देखने आया करते थे। मिट्ठू ही उन्हें सबसे अच्छा लगता। उन्हीं लड़कों

में गोपाल भी था। वह रोज आता और मिट्ठू के पास घंटों चुपचाप बैठा रहता। उसे शेर, भालू, चीते आदि से कोई प्रेम न था। वह मिट्ठू के लिए घर से चने, मटर, केले लाता और खिलाता।

मिट्ठू भी उससे इतना हिल गया था कि बगैर उसके खिलाये कुछ न खाता। इस तरह दोनों में बड़ी दोस्ती हो गई। एक दिन गोपाल ने सुना कि सर्कस-कंपनी वहाँ से दूर शहर जा रही है। यह सुनकर उसे बड़ा रंज हुआ। वह रोता हुआ अपनी माँ के पास गया और बोला, 'अम्मा, मुझे एक अठन्नी दो, मैं जाकर मिट्ठू को खरीद लाऊं। वह न जाने कहाँ चला जायेगा। फिर मैं उसे कैसे देखूंगा? वह भी मुझे न देखेगा, तो रोयेगा।'

माँ ने समझाया, 'बेटा, बंदर किसी को प्यार नहीं करता। वह तो बड़ा शैतान होता है। यहाँ आकर सबको काटेगा, मुफ्त में उलाहने सुनने पड़ेंगे। लेकिन लड़के पर माँ के समझाने का कोई असर न हुआ। वह रोने लगा। आखिर माँ ने मजबूर होकर उसे अठन्नी निकालकर दे दी।

अठन्नी पाकर गोपाल मारे खुशी के फूल उठा। उसने अठन्नी को मिट्टी से मलकर खूब चमकाया, फिर मिट्ठू को खरीदने चला। लेकिन मिट्ठू वहाँ दिखाई न दिया। गोपाल का दिल भर आया – 'मिट्ठू कहीं भाग तो नहीं गया?' मालिक को अठन्नी दिखाकर गोपाल बोला, 'अबकी बार आऊंगा, तो मिट्ठू को तुम्हें दे दूँगा।'

गोपाल निराश होकर चला आया और मिट्ठू को इधर-उधर ढूंढने लगा। वह उसे ढूंढने में इतना मगन था कि उसे किसी बात की खबर न थी। उसे बिल्कुल न मालूम हुआ कि वह चीते के कठघरे के पास आ गया था। चीता भीतर चुपचाप लेटा था। गोपाल को कठघरे के पास देखकर उसने पंजा बाहर निकाला और उसे पकड़ने की कोशिश करने लगा। गोपाल तो दूसरी तरफ ताक रहा था। उसे क्या खबर थी कि चीते का तेज पंजा उसके हाथ के पास पहुँच गया है। करीब इतना था कि चीता उसका हाथ पकड़कर खींच ले कि मिट्ठू न मालूम कहाँ से आकर उसके पंजे पर कूद पड़ा और पंजे को दांतों से काटने लगा।

चीते ने दूसरा पंजा निकाला और उसे ऐसा घायल कर दिया कि वह वहीं गिर पड़ा और जोर-जोर से चीखने लगा। मिट्ठू की यह हालत देखकर गोपाल भी रोने लगा। दोनों का रोना सुनकर लोग दौड़ पड़े, पर देखा कि मिट्ठू बेहोश पड़ा है और गोपाल रो रहा है। मिट्ठू का घाव तुरंत धोया गया और मरहम लगवाया गया। थोड़ी देर में उसे होश आ गया। वह गोपाल की ओर प्यार की आँखों से देखने लगा, जैसे कह रहा हो कि अब क्यों रोते हो? मैं तो अच्छा हो गया।

कई दिन मिट्ठू की मरहम-पट्टी होती रही और आखिर वह बिल्कुल अच्छा हो गया। गोपाल अब रोज आता और उसे रोटियाँ खिलाता। आखिर कंपनी के चलने का दिन आया। गोपाल बहुत दुखी था। वह मिट्ठू के कठघरे के पास खड़ा आँसू-भरी आँख से देख रहा था कि मालिक ने आकर कहा, 'अगर मिट्ठू तुमको मिल जाये, तो तुम क्या करोगे?'

गोपाल ने कहा, 'मैं उसे अपने साथ ले जाऊँगा, उसके साथ-साथ खेलूंगा, उसे अपनी थाली में खिलाऊंगा, और क्या।'

मालिक ने कहा, 'अच्छी बात है, मैं बिना तुमसे अठन्नी लिए ही इसे तुम्हें देता हूँ। गोपाल को जैसे कोई राज मिल गया। उसने मिट्ठू को गोद में उठा लिया, पर मिट्ठू नीचे कूद पड़ा और उसके पीछे-पीछे चलने लगा। दोनों खेलते-कूदते घर पहुँच गये।